CURA DO TEPT COMPLEXO

O manual completo para se recuperar e se recuperar de trauma e TEPT

ALEXANDRA PHOENIX

ÍNDICE

INTRODUÇÃO 5

CAPÍTULO 1 9

CAPÍTULO 2 17

CAPÍTULO 3 23

CAPÍTULO 4 29

CAPÍTULO 5 35

CAPÍTULO 6 41

CAPÍTULO 7 47

CAPÍTULO 8 53

CONCLUSÃO 59

NOTA DO AUTOR 63

INTRODUÇÃO

No Na intrincada tapeçaria da experiência humana, existem momentos que deixam marcas duradouras, momentos que fraturam a alma e remodelam o curso da existência de alguém. Para aqueles que suportaram o aperto angustiante do trauma, as consequências podem ser uma jornada complexa, um labirinto de emoções, memórias e desafios. Este livro, "Cura do TEPT complexo: o manual completo para se recuperar e se recuperar de traumas e TEPT", é uma luz orientadora através deste labirinto, oferecendo um roteiro abrangente para aqueles que buscam reconstruir, redescobrir e recuperar suas vidas.

O Transtorno de Estresse Pós-Traumático Complexo (C-PTSD) é uma resposta psicológica profunda e intrincada a um trauma prolongado e grave. Ao contrário de sua contraparte mais amplamente reconhecida, o TEPT, que surge de eventos traumáticos únicos, o TEPT-C nasce de um trauma persistente e recorrente, muitas vezes entrelaçado com elementos de abuso, negligência ou outras formas de sofrimento de longo prazo. Os efeitos do C-PTSD se espalham por todas as facetas do ser de uma pessoa – seus pensamentos, emoções, relacionamentos e até mesmo seu senso de identidade.

Este livro é uma personificação de compaixão, conhecimento e capacitação. Seu objetivo é servir de companheiro para aqueles que navegam nas águas tumultuadas do C-PTSD, oferecendo insights, estratégias e apoio para auxiliar na jornada de cura e recuperação. Através de suas páginas, você encontrará uma riqueza de informações, ferramentas práticas e orientações sinceras para ajudá-lo a desvendar as complexidades de sua própria experiência e preparar o caminho para recuperar seu verdadeiro eu.

Baseado nos campos da psicologia, neurociência e terapia de trauma, este manual combina pesquisas de ponta com abordagem terapêutica testada e comprovada. Oferece uma visão holística da cura, abordando não apenas as cicatrizes do passado, mas também o potencial de crescimento, transformação e resiliência. Você descobrirá como navegar pelos gatilhos, reescrever as narrativas que o mantêm cativo e cultivar um profundo senso de autoestima e autocompaixão.

A jornada de cura do C-PTSD não é fácil, mas vale a pena fazer uma jornada. É uma jornada de coragem, força e, em última análise, de libertação. Tenha certeza de que você não está sozinho ao iniciar esta jornada. Este livro está aqui para ficar ao seu lado, oferecendo insights, incentivo e um roteiro para recuperar sua vida das sombras do trauma. Com dedicação, paciência e as ferramentas contidas nestas páginas, você pode traçar um caminho em direção a um futuro que é definido por sua resiliência, sua autenticidade e sua capacidade de prosperar além da dor.

Lembre-se de que a cura não é um ponto final; é um processo contínuo. Ao ler esses capítulos e se envolver com os exercícios e conceitos, você poderá encontrar o apoio necessário para abraçar sua jornada, um passo de cada vez. O caminho a seguir pode ser desafiador, mas também é marcado pelo potencial de transformação profunda e cura duradoura. Você detém o poder de se recuperar e este livro está aqui para guiá-lo em cada passo do caminho.

CAPÍTULO 1

Compreendendo o PTSD complexo

O Transtorno de Estresse Pós-Traumático Complexo (C-PTSD) é uma condição psicológica que representa uma resposta profunda e intrincada a traumas prolongados e recorrentes. Ao contrário do tradicional Transtorno de Estresse Pós-Traumático (TEPT), que muitas vezes está ligado a um evento traumático singular, o C-PTSD emerge de uma tapeçaria de traumas contínuos e generalizados, muitas vezes enraizados em experiências de abuso, negligência, cativeiro ou outras formas de sofrimento grave. angústia. Esta exploração abrangente de "Compreendendo o PTSD complexo" investiga a natureza multifacetada desse transtorno, lançando luz sobre suas características definidoras, mecanismos subjacentes e caminhos para cura e recuperação.

Definindo PTSD complexo

No centro da compreensão do PTSD complexo está uma definição diferenciada que captura sua complexidade e distinção. O TEPT complexo, conforme descrito pelo Manual Diagnóstico e Estatístico de Transtornos Mentais, Quinta Edição (DSM-5), abrange um conjunto de sintomas e respostas que vão além do escopo do TEPT tradicional. Embora o TEPT se concentre em um evento traumático, o C-PTSD evolui ao longo do tempo, tecendo uma constelação de sintomas que refletem o impacto duradouro do trauma crônico.

A marca registrada do C-PTSD é sua persistência e natureza multifacetada. Indivíduos com C-PTSD muitas vezes enfrentam uma infinidade de desafios que vão além da tríade clássica de sintomas de PTSD – reexperiência, evitação e hiperestimulação. Além desses sintomas principais, o C-PTSD apresenta uma série de manifestações suplementares, como desregulação emocional, distúrbios na identidade própria, dificuldades relacionais e queixas somáticas.

As origens e dinâmica do trauma complexo

Para realmente compreender as profundezas do C-PTSD, é imperativo apreciar as origens e a dinâmica do trauma complexo. O trauma complexo é caracterizado pela natureza crônica e cumulativa de experiências traumáticas, muitas vezes ocorrendo em relacionamentos interpessoais ou ambientes onde a segurança e a agência estão comprometidas. Exemplos de tais experiências incluem abuso infantil, violência doméstica, tráfico de pessoas, cativeiro prolongado e exposição ao combate.

A interação entre a cronicidade e a diversidade de eventos traumáticos contribui para o desenvolvimento do C-PTSD. A exposição prolongada a fatores estressantes perturba a capacidade do indivíduo de regular as emoções, distorce sua autopercepção e prejudica sua capacidade de navegar nos relacionamentos e no mundo em geral. Essas experiências traumáticas tornam-se enraizadas na estrutura de seu cenário psicológico, moldando seus pensamentos, comportamentos e respostas emocionais.

Impacto no indivíduo: dimensões emocionais, cognitivas e fisiológicas

O impacto do C-PTSD reverbera em várias dimensões do bem-estar de um indivíduo.

Emocionalmente, os indivíduos com C-PTSD muitas vezes lutam com uma complexa gama de sentimentos que vão desde ansiedade crônica, depressão e irritabilidade até entorpecimento emocional ou desapego. Essas respostas emocionais são frequentemente exacerbadas por dificuldades na regulação emocional, levando a intensas mudanças de humor e uma sensação de desamparo diante de emoções avassaladoras.

Cognitivamente, os efeitos do C-PTSD são igualmente profundos. Pensamentos intrusivos, flashbacks e pesadelos são manifestações cognitivas comuns, confundindo os limites entre traumas passados e experiências presentes. Crenças negativas, percepções distorcidas do mundo e sentimentos de vergonha ou culpa contribuem para um sentimento generalizado de dúvida e inutilidade.

Em um nível fisiológico, a exposição duradoura aos hormônios do estresse e a ativação da resposta de "lutar ou fugir" do corpo podem resultar em alterações de longo prazo na estrutura e no funcionamento do cérebro. Essas mudanças podem levar ao aumento da reatividade aos estressores, à consolidação prejudicada da memória e às interrupções na regulação das emoções, do sono e do apetite.

Reconhecendo sintomas e padrões

O cenário do C-PTSD é caracterizado por uma gama diversificada de sintomas e padrões, cada um contribuindo para a complexa trama do transtorno. Reconhecer esses sintomas é vital para um diagnóstico preciso e um tratamento eficaz. Entre os sintomas característicos estão:

1. Desregulação emocional: Indivíduos com C-PTSD muitas vezes lutam para controlar as emoções, oscilando entre extremos de intensidade emocional e entorpecimento emocional. Essa turbulência emocional pode levar a conflitos interpessoais e prejudicar a capacidade de se envolver de forma eficaz na vida diária.

2. Identidade própria perturbada: C-PTSD pode corroer o senso de identidade e identidade de um indivíduo. Isso pode se manifestar como sensação fragmentada, desconectada ou lutando contra um sentimento persistente de vergonha e inutilidade. A autonarrativa infundida pelo trauma pode perpetuar um ciclo de auto-sabotagem e dificultar o crescimento pessoal.

3. Desafios interpessoais: O impacto do trauma complexo nas relações interpessoais é profundo. Os indivíduos podem apresentar padrões de evitação, desconfiança ou dependência nos relacionamentos. As distorções induzidas pelo trauma na percepção dos outros podem dificultar o estabelecimento e a manutenção de conexões saudáveis.

4. Sintomas somáticos: C-PTSD muitas vezes se manifesta somaticamente, com indivíduos apresentando sintomas físicos decorrentes de sofrimento psicológico. Isso pode incluir dor crônica, problemas gastrointestinais, dores de cabeça e outras doenças relacionadas ao estresse.

5. Distorções Cognitivas: Padrões de pensamento negativo, distorções cognitivas e dificuldades no processamento de informações são manifestações cognitivas comuns do C-PTSD. Essas distorções podem contribuir para uma percepção distorcida da realidade e reforçar o ciclo de sofrimento relacionado ao trauma.

Compreender o PTSD complexo é uma jornada na intrincada teia de respostas humanas a traumas prolongados e generalizados. À medida que navegamos pelas dimensões multifacetadas deste transtorno, fica claro que o C-PTSD não é uma mera extensão do PTSD tradicional, mas um cenário psicológico distinto e complexo que merece atenção e abordagens especializadas.

Esta exploração serve de base para os capítulos subsequentes deste livro, que se aprofundam nas estratégias, terapias e intervenções destinadas a facilitar a cura e a recuperação do C-PTSD. Ao adotar uma compreensão abrangente desse transtorno, indivíduos, médicos e entes queridos podem embarcar em um caminho de empatia, apoio e capacitação, guiando as pessoas afetadas em direção a um futuro melhor, além das sombras de seus traumas passados.

CAPÍTULO 2

Fundamentos da Cura

Após um trauma complexo e duradouro, a jornada em direção à cura é um esforço profundo e transformador. O capítulo "Fundamentos da Cura" serve como uma pedra angular crucial para aqueles que buscam reconstruir suas vidas depois de lidar com as complexidades do Transtorno de Estresse Pós-Traumático Complexo (C-PTSD). Enraizado em uma compreensão abrangente dos desafios únicos colocados pelo trauma prolongado, este capítulo se aprofunda nos componentes essenciais que estabelecem as bases para o processo de recuperação. Ao estabelecer uma base forte e de apoio, os indivíduos podem embarcar em um caminho de cura, autodescoberta e empoderamento.

Construindo uma rede de apoio

Um dos pilares fundamentais da cura do C-PTSD é o estabelecimento de uma rede de apoio robusta e empática. A jornada em direção à recuperação não deve ser percorrida sozinha. A conexão humana, a compreensão e o companheirismo genuíno desempenham um papel fundamental no processo de cura. É essencial identificar indivíduos confiáveis que possam fornecer apoio emocional, ouvir e oferecer um espaço seguro para vulnerabilidade.

A rede de apoio vai além de amigos e familiares para incluir profissionais de saúde mental, grupos de apoio e recursos comunitários. Envolver-se com terapeutas especializados em trauma e que entendem os meandros do C-PTSD é fundamental para orientar os indivíduos através dos desafios que enfrentam. Os grupos de apoio fornecem uma sensação de validação, experiências compartilhadas e uma plataforma para cura mútua, lembrando aos indivíduos que eles não estão isolados em sua luta.

Autocuidado e resiliência

Cultivar práticas de autocuidado é a base da cura e recuperação do C-PTSD. Reconhecendo o impacto do trauma na mente e no corpo, os indivíduos têm o poder de priorizar seu bem-estar por meio de atos deliberados de auto-nutrição. O autocuidado vai além das atividades superficiais; envolve nutrir o corpo, a mente e o espírito de maneira holística.

O autocuidado físico abrange nutrição nutritiva, exercícios regulares, sono adequado e práticas como ioga ou meditação. Essas atividades contribuem para regular a resposta do corpo ao estresse, promovendo o relaxamento e promovendo uma sensação de controle sobre o bem-estar. Igualmente importante é o autocuidado mental, que envolve o envolvimento em atenção plena, registro no diário e exercícios cognitivos que visam desafiar padrões de pensamento negativos e promover a autocompaixão.

Cultivar a resiliência está interligado com o autocuidado. A resiliência envolve desenvolver a capacidade de se adaptar e prosperar diante das adversidades. Isso envolve cultivar uma mentalidade construtiva, reformular os desafios como oportunidades de crescimento e aproveitar os pontos fortes para superar obstáculos. Ao promover a resiliência, os indivíduos podem se fortalecer contra o impacto do trauma, permitindo-lhes navegar na jornada de cura com maior determinação e graça.

Estabelecendo Segurança e Estabilidade

O processo de cura do C-PTSD requer o estabelecimento de uma sensação de segurança e estabilidade – tanto externa quanto internamente. A segurança externa envolve a criação de um ambiente que promova o bem-estar emocional e físico. Isso pode envolver o estabelecimento de limites saudáveis, minimizando a exposição a gatilhos e cercando-se de pessoas e espaços que evocam uma sensação de segurança.

A segurança interna, por outro lado, envolve o desenvolvimento de um relacionamento seguro consigo mesmo. Requer nutrir a autoconfiança, a autocompaixão e um senso de arbítrio. Este santuário interno se torna um refúgio contra a turbulência do trauma, permitindo que os indivíduos se ancoram em momentos de angústia e acessem sua resiliência inata.

Criar segurança e estabilidade pode envolver a busca de orientação profissional para abordar questões como habitação, estabilidade financeira e desafios práticos que podem dificultar o processo de cura. Ao abordar esses fatores externos, os indivíduos podem criar uma base que apoie seu bem-estar emocional e psicológico.

"Fundamentos da Cura" é um capítulo integral que estabelece as bases para a jornada de recuperação do PTSD complexo. Ao construir uma rede de apoio, abraçar o autocuidado e a resiliência e estabelecer segurança e estabilidade, os indivíduos preparam o terreno para um processo de cura transformador. Essas fundações capacitam os indivíduos a navegar pelas complexidades do C-PTSD com um senso de propósito, esperança e determinação. Ao embarcarem nesta jornada, eles embarcam em um caminho de redescoberta, empoderamento e recuperação de seu verdadeiro eu – um caminho que leva à luz da cura, do crescimento e de um futuro repleto de possibilidades.

Navegando pelos gatilhos do trauma

Para aqueles que estão no caminho da cura do Transtorno de Estresse Pós-Traumático Complexo (C-PTSD), o terreno costuma estar repleto de gatilhos – estímulos poderosos que evocam memórias, emoções e sensações físicas angustiantes. O Capítulo 3, "Navegando pelos gatilhos do trauma", é um guia crítico na jornada para a recuperação. Este capítulo é dedicado a compreender a natureza dos gatilhos, desenvolver estratégias de enfrentamento eficazes e promover a resiliência diante de emoções e memórias avassaladoras. Ao dominar a arte de navegar pelos gatilhos, os indivíduos podem recuperar o senso de agência e controle sobre suas vidas, permitindo que a cura floresça.

Identificando gatilhos e respostas

O primeiro passo para navegar pelos gatilhos do trauma é cultivar a consciência – tanto dos gatilhos em si quanto das respostas que eles provocam. Os gatilhos podem assumir várias formas, como imagens, sons, cheiros ou situações que tenham semelhança com os eventos traumáticos. Esses gatilhos ativam a resposta de luta ou fuga do corpo, levando a uma cascata de reações fisiológicas e emocionais.

Reconhecer os gatilhos envolve identificar os sinais específicos que induzem o estresse, juntamente com as respostas emocionais, cognitivas e comportamentais subsequentes. Essas respostas podem variar de ansiedade, ataques de pânico e dissociação até raiva intensa, tristeza ou uma sensação de desapego. Ao identificar esses padrões, os indivíduos obtêm insights sobre as origens dos gatilhos e as formas como eles impactam a vida diária.

Desenvolvendo estratégias de enfrentamento

Uma vez identificados os gatilhos, a próxima fase envolve o desenvolvimento de estratégias de enfrentamento para gerenciar seu impacto. As estratégias de enfrentamento capacitam os indivíduos a responder aos gatilhos de maneira adaptativa e construtiva, minimizando o estresse e promovendo a regulação emocional. Uma abordagem multifacetada é fundamental, abrangendo várias estratégias adaptadas às necessidades e preferências do indivíduo.

1. Técnicas de aterramento: As técnicas de aterramento são ferramentas vitais para recuperar uma sensação de presença e estabilidade quando acionadas. Essas técnicas incluem respiração profunda, exercícios de atenção plena e atividades com foco sensorial que ancoram os indivíduos ao momento presente.

2. Estratégias Cognitivas: As técnicas cognitivas envolvem desafiar e reformular padrões de pensamento negativos que surgem quando acionados. Isso pode incluir a reestruturação cognitiva, onde os indivíduos avaliam a precisão de seus pensamentos e substituem crenças distorcidas por perspectivas mais equilibradas.

3. Distração e auto-calmante: Envolver-se em atividades que desviam o foco dos gatilhos pode ser altamente eficaz. Expressão artística, hobbies, ouvir música suave ou praticar autocompaixão são estratégias que promovem a regulação emocional e reduzem o estresse.

4. Exposição progressiva: A exposição gradual aos gatilhos em um ambiente controlado e de suporte pode diminuir sua intensidade ao longo do tempo. Essa técnica, facilitada por um profissional de saúde mental, permite que os indivíduos enfrentem os gatilhos enquanto constroem resiliência e mecanismos de enfrentamento adaptativos.

Gerenciando Flashbacks e Dissociação

Flashbacks e dissociação são respostas profundas a gatilhos, muitas vezes levando os indivíduos a reviver eventos traumáticos como se estivessem ocorrendo no momento presente. Navegar por essas experiências requer um conjunto exclusivo de estratégias de enfrentamento:

1. Técnicas de aterramento: Como flashbacks e dissociação podem ser desorientadores, as técnicas de aterramento tornam-se ainda mais essenciais. Envolver os sentidos – tato, paladar, olfato, visão e audição – ajuda a ancorar os indivíduos na realidade.

2. Criando um Plano de Segurança: Desenvolver um plano de segurança com antecedência pode fornecer um roteiro para gerenciar gatilhos intensos, flashbacks ou dissociação. O plano pode incluir entrar em contato com um amigo de confiança, praticar exercícios de aterramento ou procurar assistência profissional.

3. Recursos: Recursos envolvem identificar e cultivar recursos internos e externos que proporcionem conforto e estabilidade durante momentos estressantes. Esses recursos podem incluir memórias positivas, relacionamentos de apoio ou experiências sensoriais que promovam uma sensação de segurança.

"Navegando pelos gatilhos do trauma" é uma pedra angular na jornada de cura do C-PTSD. Ao compreender os gatilhos, desenvolver estratégias de enfrentamento e aprender a gerenciar flashbacks e dissociação, os indivíduos se equipam com as ferramentas necessárias para recuperar o controle sobre suas respostas a estímulos angustiantes. Navegar pelos gatilhos torna-se uma oportunidade de capacitação e crescimento, permitindo que os indivíduos reescrevam seu relacionamento com o trauma e cultivem a resiliência diante das adversidades.

À medida que os indivíduos continuam a percorrer o caminho da cura, eles podem recorrer aos insights e técnicas descritas neste capítulo, transformando gradualmente os gatilhos de obstáculos esmagadores em momentos de autodescoberta e força. A cada passo dado, eles se aproximam de um futuro onde os gatilhos não têm mais poder sobre suas vidas e onde a cura e o empoderamento se tornam a narrativa predominante.

CAPÍTULO 4

Recuperando sua identidade

O Transtorno de Estresse Pós-Traumático Complexo (C-PTSD) tem um impacto profundo no senso de identidade e identidade de um indivíduo. A jornada de cura do C-PTSD não envolve apenas abordar as experiências traumáticas, mas também redescobrir, remodelar e, em última análise, recuperar a identidade de alguém. Capítulo 4, "Recuperando sua identidade", investiga o intrincado processo de autodescoberta e autoestima após suportar as complexidades do trauma. Este capítulo explora os desafios enfrentados após o trauma, o poder transformador da autocompaixão e as estratégias para promover um renovado senso de identidade e propósito.

Redescobrindo a autoestima

Uma das repercussões profundas do C-PTSD é a erosão da autoestima e da autoestima. O trauma pode distorcer a autopercepção de um indivíduo, levando a sentimentos de vergonha, culpa e indignidade. Redescobrir a autoestima envolve desafiar essas crenças distorcidas e reconhecer o valor inerente de alguém como ser humano.

A autoestima é nutrida por meio da autocompaixão – o ato de tratar a si mesmo com a mesma gentileza e compreensão que alguém ofereceria a um amigo querido. A autocompaixão envolve reconhecer a dor do passado sem julgamento, abraçar as imperfeições e reformular a autocrítica em autoaceitação. Cultivar a autocompaixão promove um ambiente onde a autoestima pode florescer, permitindo que os indivíduos se reconectem com seu valor intrínseco.

Superando a vergonha e a culpa

A vergonha e a culpa costumam ser companheiras insidiosas do C-PTSD, lançando uma sombra sobre a autopercepção de um indivíduo e impedindo o caminho para a cura. A vergonha envolve uma crença profunda de ser fundamentalmente defeituoso ou indigno, enquanto a culpa surge de um senso de responsabilidade pelo trauma ou suas consequências. Ambas as emoções podem contribuir para o auto-isolamento, baixa autoestima e recuperação prejudicada.

Superar a vergonha e a culpa requer uma combinação de autocompaixão, psicoeducação e intervenções terapêuticas. A psicoeducação ajuda os indivíduos a compreender as origens da vergonha e da culpa, reconhecendo-as como subprodutos do trauma, em vez de verdades inerentes. As técnicas de Terapia Cognitivo-Comportamental (TCC) podem ser eficazes para desafiar padrões de pensamento negativo associados à vergonha e culpa, substituindo-os por perspectivas mais equilibradas e realistas.

Cultivando a autocompaixão

O desenvolvimento da autocompaixão é essencial para recuperar a identidade. Três elementos essenciais constituem a autocompaixão: bondade própria, humanidade compartilhada e consciência. Abraçar esses componentes cria um terreno fértil para o autocrescimento, a autoaceitação e a reconstrução de um senso de identidade resiliente.

1. Autobondade: A autobondade envolve tratar a si mesmo com carinho e compreensão, especialmente em momentos de dor ou dificuldade. Em vez da autocrítica, os indivíduos praticam o auto-acalmamento e o autocuidado, promovendo um ambiente interno de cuidado e empatia.

2. Humanidade Comum: Reconhecer que o sofrimento é uma experiência humana universal contraria os efeitos isoladores do trauma. Compreender que não se está sozinho em suas lutas cria uma sensação de conexão e humanidade compartilhada, mitigando sentimentos de isolamento.

3. Atenção plena: A atenção plena envolve observar os pensamentos, sentimentos e sensações de alguém sem julgamento. A consciência consciente permite que os indivíduos se afastem de pensamentos e emoções estressantes, reduzindo seu controle e promovendo uma sensação de regulação emocional.

Reconstruindo uma autoimagem positiva

Reconstruir uma autoimagem positiva envolve remodelar o autoconceito com base em uma autopercepção precisa e compassiva. Este processo envolve introspecção, autoexploração e integração de qualidades e pontos fortes positivos na identidade própria.

O registro no diário é uma ferramenta poderosa para autoexploração, permitindo que os indivíduos reflitam sobre suas experiências, emoções e aspirações. Anotar momentos de crescimento pessoal, conquistas e qualidades positivas serve como um lembrete da resiliência e do potencial de alguém.

As afirmações são outra técnica para promover uma autoimagem positiva. Essas declarações positivas contrariam o diálogo interno negativo e reforçam as crenças de autocompaixão. Repetir afirmações que ressoam com valores e aspirações pessoais pode remodelar gradualmente a autopercepção.

"Recuperando sua identidade" é um capítulo fundamental na jornada de cura do C-PTSD. Ilumina o processo transformador de redescobrir a autoestima, superar a vergonha e a culpa e cultivar a autocompaixão. Ao abraçar a autocompaixão como uma luz orientadora, os indivíduos percorrem um caminho que leva à recuperação de seu eu autêntico – aliviados pelas distorções do trauma e ancorados em um renovado senso de identidade, propósito e amor próprio.

À medida que os indivíduos se envolvem com os insights e estratégias deste capítulo, eles embarcam em uma viagem de autodescoberta, resiliência e capacitação. Reivindicar sua identidade torna-se um ato de libertação, libertando-os das algemas do passado e impulsionando-os em direção a um futuro marcado pela autoaceitação, autoestima e pela plena realização de seu potencial.

CAPÍTULO 5

Desvendando Traumas Complexos

A jornada de cura do Transtorno de Estresse Pós-Traumático Complexo (C-PTSD) é semelhante a desembaraçar uma teia de emoções, memórias e experiências que se entrelaçaram na estrutura do ser de alguém. O Capítulo 5, "Desvendando Traumas Complexos", serve como um guia através do intrincado processo de explorar experiências passadas, processar emoções não resolvidas e integrar aspectos fragmentados de si mesmo. Ao se envolver no trabalho deliberado de desvendar as complexidades do trauma, os indivíduos podem abrir um caminho para a cura, integração e um renovado senso de totalidade.

Explorando experiências passadas

O primeiro passo para desvendar traumas complexos é embarcar em uma jornada de exploração de experiências passadas. Essa exploração não é uma tarefa fácil, pois exige o enfrentamento de memórias dolorosas e enterradas. No entanto, confrontar o passado é um esforço necessário para dar sentido ao presente e preparar o caminho para a cura.

Intervenções terapêuticas, como terapia focada no trauma, terapia narrativa e dessensibilização e reprocessamento do movimento ocular (EMDR), oferecem estruturas estruturadas para navegar nesta exploração. Em um ambiente seguro e de apoio, os indivíduos contam gradualmente suas experiências traumáticas, permitindo que as memórias venham à tona, sejam reconhecidas e integradas em sua narrativa.

Processando emoções não resolvidas

Desvendar traumas complexos também envolve confrontar e processar as inúmeras emoções que foram suprimidas ou distorcidas como resultado do trauma. Traumas complexos podem levar à desregulação emocional, alterações intensas de humor e entorpecimento emocional. Processar essas emoções é crucial para restaurar o equilíbrio emocional e promover a cura.

Terapia focada na emoção, terapia com artes expressivas e práticas de atenção plena podem ajudar no processamento de emoções não resolvidas. Essas modalidades terapêuticas fornecem meios para os indivíduos expressarem, validarem e liberarem as emoções reprimidas associadas ao trauma. Ao reconhecer e permitir que as emoções fluam, os indivíduos podem começar a entender seu cenário emocional e restaurar uma sensação de equilíbrio emocional.

Integração e Cura

O ponto culminante do desvendamento de traumas complexos está no processo de integração – a união de aspectos fragmentados do eu em um todo coeso. O trauma muitas vezes fragmenta o senso de identidade, levando à desconexão e a conflitos internos. A integração envolve reconhecer e reconciliar essas partes fragmentadas, promovendo um senso de coerência e autenticidade.

A integração é facilitada por meio de várias técnicas terapêuticas, incluindo trabalho da criança interior, terapia do estado do ego e práticas baseadas na atenção plena. O trabalho da criança interior envolve conectar-se e nutrir a criança interior ferida, promovendo a cura e a autocompaixão. A terapia do estado do ego reconhece e se comunica com diferentes aspectos do eu, promovendo harmonia e colaboração entre essas vozes internas.

Práticas baseadas na atenção plena, como meditações de varredura corporal e exercícios de autocompaixão, cultivam uma sensação de consciência do momento presente e autoaceitação. Mindfulness serve como uma ponte entre partes fragmentadas do eu, permitindo que os indivíduos desenvolvam uma compreensão mais profunda de sua dinâmica interna e facilitando o processo de integração.

Abraçando a transformação

Desvendar traumas complexos não é um processo linear, mas uma jornada marcada por reviravoltas e avanços. Através desta jornada, os indivíduos abraçam uma transformação que vai além da liberação da dor e da angústia. O ato de desvendar permite o surgimento de resiliência, sabedoria e um renovado senso de propósito.

Ao explorar experiências passadas, processar emoções não resolvidas e integrar aspectos fragmentados de si mesmo, os indivíduos embarcam em uma profunda viagem de autodescoberta e cura. Este capítulo, "Desvendando Traumas Complexos", serve como uma luz orientadora, iluminando o caminho para desvendar as complexidades do trauma e tecer uma tapeçaria de totalidade. À medida que os indivíduos se envolvem com os insights e técnicas internos, eles preparam o cenário para uma jornada transformadora que leva à recuperação de seu eu autêntico – resiliente, integrado e capacitado para abraçar um futuro de crescimento e possibilidades.

Abordagens terapêuticas eficazes

A jornada de cura do Transtorno de Estresse Pós-Traumático Complexo (C-PTSD) é uma prova da resiliência humana e do poder das intervenções terapêuticas. O Capítulo 6, "Abordagens terapêuticas eficazes", serve como um guia abrangente para a diversificada gama de técnicas terapêuticas que podem facilitar a recuperação, a transformação e o fortalecimento após um trauma complexo. Ao explorar técnicas cognitivo-comportamentais, dessensibilização e reprocessamento de movimentos oculares (EMDR) e práticas de atenção plena, os indivíduos podem aproveitar as ferramentas para navegar no intrincado terreno de cura e restauração.

Técnicas Cognitivo-Comportamentais

A terapia cognitivo-comportamental (TCC) é uma abordagem proeminente e empiricamente validada que equipa os indivíduos com as habilidades para identificar e modificar padrões de pensamento, emoções e comportamentos desadaptativos. A TCC opera sob o princípio de que alterar cognições e comportamentos pode levar a mudanças nas experiências emocionais e no bem-estar geral.

No contexto do C-PTSD, a TCC é empregada para desafiar crenças negativas, percepções distorcidas da realidade e preconceitos cognitivos que perpetuam o ciclo de sofrimento relacionado ao trauma. A reestruturação cognitiva envolve examinar a precisão dos pensamentos negativos e substituí-los por alternativas racionais e mais equilibradas. Através deste processo, os indivíduos aprendem a reformular a sua interpretação de experiências passadas e a cultivar um autoconceito mais saudável.

A terapia de exposição, um componente da TCC, ajuda os indivíduos a confrontar e processar memórias ou gatilhos traumáticos de maneira controlada e gradual. Essa exposição reduz a intensidade emocional associada a sinais traumáticos, permitindo que os indivíduos recuperem uma sensação de domínio e controle sobre suas respostas.

Dessensibilização e Reprocessamento do Movimento Ocular (EMDR)

EMDR é uma modalidade terapêutica que visa memórias, pensamentos e emoções estressantes por meio de um processo estruturado que envolve estimulação bilateral, normalmente na forma de movimentos oculares rítmicos. O EMDR visa facilitar o reprocessamento de experiências traumáticas, transformando-as de fonte de angústia em uma narrativa com menos carga emocional.

Durante as sessões de EMDR, os indivíduos realizam movimentos oculares direcionados enquanto relembram memórias traumáticas. Esse processo incentiva o cérebro a integrar a memória traumática na narrativa mais ampla da vida do indivíduo, reduzindo a carga emocional associada à memória. Com o tempo, o EMDR promove a dessensibilização e permite que os indivíduos vejam o evento traumático de uma perspectiva mais adaptativa e desapegada.

O EMDR é particularmente eficaz para lidar com o impacto angustiante de gatilhos traumáticos, flashbacks e memórias perturbadoras. Ao reprocessar essas experiências, os indivíduos podem experimentar uma redução em sua reatividade emocional e obter uma maior sensação de domínio sobre suas respostas relacionadas ao trauma.

Práticas de Mindfulness e Aterramento

As práticas de atenção plena e de ancoragem oferecem aos indivíduos ferramentas para navegar por emoções angustiantes, gerenciar gatilhos e cultivar a consciência do momento presente. Mindfulness envolve consciência sem julgamento de pensamentos, emoções e sensações, permitindo que os indivíduos observem suas experiências sem serem oprimidos por elas.

No contexto do C-PTSD, a atenção plena ajuda os indivíduos a desenvolver um novo relacionamento com seus pensamentos e emoções, permitindo-lhes se libertar da ruminação, da ansiedade e da desregulação emocional. Práticas de atenção plena, como meditações de varredura corporal e respiração consciente, promovem a regulação emocional e oferecem uma sensação de calma interior.

As técnicas de aterramento são complementares à atenção plena e envolvem a conexão com o momento presente, ancorando-se no ambiente físico. Essas técnicas combatem a dissociação e os flashbacks, redirecionando o foco para longe de memórias ou emoções angustiantes. O aterramento pode envolver o envolvimento dos sentidos, como sentir a textura de um objeto ou ouvir sons ambientais.

"Abordagens terapêuticas eficazes" ilumina os caminhos para a cura e a transformação para indivíduos que navegam no complexo terreno do C-PTSD. Através de tenhas de cognitividade, e MindfulNss estáes, os indivíduos ganham relações com uma rica variedade de ferramentas que são consideradas as pessoas que se divertem, e as pessoas que se divertem, e as pessoas que se divertem, e as pessoas que se divertem, e as pessoas que se divertem, e as pessoas que se divertem, e as pessoas que se divertem, e as pessoas que se divertem, e as pessoas que se divertem, e as pessoas que se divertem, e as pessoas que se divertem, e as pessoas que se divertem, e as pessoas que se divertem, e as pessoas que se divertem, e as pessoas que se divertem, e as pessoas que se divertem, e as pessoas que se divertem, e as pessoas que se divertem, e que se divertem, e que se divertem, e que se divertem, e que se divertem, e que se divertem, e que se divertem, e que se divertem, e que se divertem, e que se divertem, e que se divertem, e que se divertem, e que se divertem, e que se divertem, e que. .

À medida que os indivíduos se envolvem com os insights e técnicas deste capítulo, eles embarcam em uma jornada de capacitação, crescimento e restauração. Abordagens terapêuticas eficazes servem como guias, iluminando o caminho para recuperar a autonomia, promover a resiliência e entrar em um futuro definido pela cura, pela força e pelo potencial inabalável de transformação pessoal.

CAPÍTULO 7

Restaurando Relacionamentos

O impacto do Transtorno de Estresse Pós-Traumático Complexo (C-PTSD) se estende além do indivíduo, alcançando o reino dos relacionamentos e conexões com outras pessoas. O Capítulo 7, "Restaurando Relacionamentos", explora a intrincada dinâmica da cura interpessoal e os desafios enfrentados ao construir e manter conexões após sofrer traumas complexos. Ao se aprofundar nas estratégias de comunicação, estabelecer limites saudáveis e promover a empatia, os indivíduos podem embarcar em uma jornada de reconstrução, nutrição e enriquecimento de seus relacionamentos.

Estratégias de comunicação para cura

A comunicação eficaz serve como base para a reconstrução de relacionamentos após o C-PTSD. O trauma pode prejudicar os padrões de comunicação, levando a mal-entendidos, conflitos e isolamento. Envolver-se em uma comunicação aberta e honesta é fundamental para promover a compreensão, a empatia e a conexão.

A comunicação eficaz depende fortemente da escuta ativa. As pessoas podem desenvolver empatia e estabelecer um ambiente seguro para compartilhar, ouvindo realmente o que os outros têm a dizer. Parafrasear e afirmar os sentimentos do locutor como resultado da escuta reflexiva ajuda o locutor a se sentir ouvido e compreendido.

"Eu" afirma ferramentas poderosas para expressar pensamentos e emoções sem atribuir culpas. Essas declarações transmitem sentimentos e experiências pessoais, promovendo uma atmosfera de não confronto e facilitando o diálogo produtivo. Por meio de uma comunicação assertiva, mas respeitosa, os indivíduos podem criar uma base de confiança e respeito mútuo.

Definindo limites saudáveis

A jornada de restauração de relacionamentos após C-PTSD envolve definir e manter limites saudáveis – diretrizes que definem como os indivíduos se envolvem com os outros e protegem seu próprio bem-estar. Os limites são essenciais para prevenir a retraumatização, garantir a autonomia pessoal e promover o respeito mútuo nos relacionamentos.

Os indivíduos devem identificar seus limites e comunicá-los aos outros de maneira clara e assertiva. Estabelecer limites pode envolver dizer "não" quando necessário, priorizar o autocuidado e estar atento às zonas de conforto pessoal. Limites saudáveis não apenas protegem os indivíduos contra danos, mas também criam uma estrutura para interações saudáveis e respeitosas.

Os limites também se estendem aos relacionamentos consigo mesmo. A autocompaixão envolve o estabelecimento de limites internos que evitam a autocrítica, a auto-sabotagem e o perfeccionismo. Ao tratar-se com bondade e compreensão, os indivíduos criam um ambiente interno propício para nutrir e manter relacionamentos saudáveis com outras pessoas.

Promovendo a empatia e a compreensão

A empatia constitui a base de conexões significativas e é um ingrediente crucial no processo de restauração de relacionamentos após C-PTSD. A empatia envolve a capacidade de compreender e compartilhar os sentimentos e perspectivas dos outros, criando uma ponte de conexão e validação.

A empatia pode ser cultivada por meio do envolvimento ativo com as experiências e sentimentos de outras pessoas. A escuta empática envolve sintonizar as dicas verbais e não-verbais do locutor, permitindo que os indivíduos se conectem com suas emoções e validem suas experiências.

A auto-empatia é igualmente importante, permitindo que os indivíduos estendam a mesma compreensão e compaixão para si mesmos. Praticar a autoempatia envolve reconhecer os próprios sentimentos, validar experiências pessoais e tratar-se com o mesmo cuidado e compaixão oferecidos aos outros.

Cura através do perdão

O perdão é um processo complexo e pessoal que pode desempenhar um papel fundamental na restauração de relacionamentos. O perdão envolve liberar sentimentos de ressentimento, raiva e culpa em relação a si mesmo ou aos outros, criando espaço para cura e reconciliação.

O perdão não é sinônimo de tolerar comportamentos prejudiciais; em vez disso, é uma escolha de se livrar da bagagem emocional que atrapalha o crescimento pessoal e a restauração do relacionamento. Perdoar os outros envolve reconhecer sua humanidade e compreender o impacto de suas ações. O autoperdão, por outro lado, envolve liberar a autoculpa e abraçar a autocompaixão pelas escolhas passadas.

"Restaurando Relacionamentos" navega pela delicada arte da cura e conexão interpessoal após o C-PTSD. Ao adotar uma comunicação eficaz, estabelecer limites saudáveis, promover a empatia e explorar o perdão, os indivíduos embarcam em uma jornada transformadora para reconstruir e nutrir relacionamentos.

À medida que os indivíduos se envolvem com os insights e estratégias deste capítulo, eles revelam o potencial de cura profunda dentro de si mesmos e em suas conexões com os outros. Restaurar relacionamentos torna-se um empreendimento sagrado, baseado na compreensão, na compaixão e na crença resoluta no poder da conexão humana para promover o crescimento, a resiliência e uma jornada compartilhada de cura e renovação.

CAPÍTULO 8

Seguindo em frente e prosperando

O ponto culminante da jornada de cura do Transtorno de Estresse Pós-Traumático Complexo (C-PTSD) não é apenas superar o passado, mas também abraçar o futuro com resiliência, propósito e um renovado senso de possibilidade. O Capítulo 8, "Avançar e Prosperar", serve como uma luz orientadora que ilumina o caminho em direção a uma vida caracterizada pelo crescimento, capacitação e busca pela prosperidade. Ao explorar estratégias para cultivar a resiliência, estabelecer metas e promover um senso de propósito, os indivíduos podem embarcar em uma jornada de transformação que transcende as sombras do trauma.

Cultivando a resiliência

A resiliência é a pedra angular para seguir em frente e prosperar após o C-PTSD. A resiliência abrange a capacidade de se adaptar, crescer e encontrar forças diante das adversidades. É a capacidade de se recuperar de desafios e contratempos, moldando, em última análise, a trajetória de sua vida.

Cultivar a resiliência envolve nutrir uma mentalidade construtiva – a crença de que os desafios são oportunidades de aprendizagem e desenvolvimento pessoal. Ver os contratempos como trampolins em vez de obstáculos permite que os indivíduos reformulem suas experiências e aproveitem sua força interior.

As redes de apoio também desempenham um papel crucial na construção da resiliência. Envolver-se com amigos de confiança, familiares, grupos de apoio e profissionais de saúde mental cria uma rede de segurança de apoio emocional e incentivo. Conectar-se com outras pessoas que enfrentaram desafios semelhantes promove um senso de experiência compartilhada e lembra aos indivíduos que eles não estão sozinhos em sua jornada.

Definindo metas significativas

Definir metas significativas é uma ferramenta poderosa para avançar e criar uma visão para o futuro. As metas fornecem direção, propósito e uma sensação de realização, conduzindo os indivíduos ao crescimento e realização pessoal.

Ao definir metas, é importante criar um equilíbrio entre aspirações e praticidade. Metas SMART – específicas, mensuráveis, alcançáveis, relevantes e com limite de tempo – fornecem uma estrutura para definir objetivos realistas e atingíveis. Esses objetivos podem abranger vários domínios da vida, incluindo carreira, relacionamentos, desenvolvimento pessoal e bem-estar físico.

Dividir metas maiores em etapas menores e gerenciáveis promove uma sensação de progresso e evita sobrecarga. Comemorar cada marco alcançado reforça o sentimento de realização e motiva os indivíduos a continuar avançando.

Promovendo um senso de propósito

Promover um senso de propósito é fundamental para prosperar após C-PTSD. O propósito fornece um significado mais profundo à vida, servindo como uma força motriz que orienta ações, decisões e aspirações. Descobrir e abraçar o propósito contribui para uma sensação de realização, envolvimento e bem-estar geral.

Refletir sobre valores pessoais, paixões e pontos fortes pode iluminar o caminho em direção ao propósito. Envolver-se em atividades que se alinhem com esses aspectos de si mesmo pode levar a um profundo senso de significado e realização. Ser voluntário, buscar empreendimentos criativos ou participar de um trabalho que contribua para uma causa maior do que você mesmo são caminhos a serem explorados.

A vida consciente é uma prática que aumenta a conexão com o propósito da pessoa. Mindfulness envolve estar presente no momento, cultivar a gratidão e participar de atividades com intenção e consciência. Ao viver conscientemente, os indivíduos podem infundir nas experiências cotidianas um senso de propósito e criar uma conexão mais profunda com sua jornada de cura e crescimento.

Abraçando o crescimento pós-traumático

O crescimento pós-traumático é o processo transformador que emerge da adversidade, levando ao desenvolvimento pessoal, à resiliência e a um apreço mais profundo pela vida. Seguir em frente e prosperar após C-PTSD envolve abraçar o potencial de crescimento e reformular as próprias experiências através de uma lente de capacitação.

O crescimento pós-traumático envolve cinco domínios principais: encontrar novas possibilidades, força pessoal, relacionar-se com os outros, valorização da vida e crescimento espiritual. Cada domínio representa uma faceta da jornada do indivíduo em direção ao sucesso, destacando as maneiras pelas quais a adversidade pode levar a uma transformação profunda.

Ao abraçar o conceito de crescimento pós-traumático, os indivíduos mudam sua perspectiva de serem definidos por seu trauma para serem fortalecidos por sua capacidade de superar e evoluir. Essa mudança promove um senso de agência, resiliência e uma crença inabalável na capacidade de seguir em frente e prosperar.

O Capítulo 8, "Seguindo em frente e prosperando", serve como o culminar da jornada de cura do C-PTSD, orientando os indivíduos em direção a uma vida caracterizada pela resiliência, propósito e crescimento. Ao cultivar a resiliência, estabelecer metas significativas, promover um senso de propósito e abraçar o potencial de crescimento pós-traumático, os indivíduos embarcam em um caminho transformador que transcende os limites do trauma.

À medida que os indivíduos se envolvem com os insights e estratégias deste capítulo, eles abrem a porta para um futuro repleto de possibilidades e capacitação. Seguir em frente e prosperar torna-se uma afirmação da capacidade do espírito humano de triunfar sobre as adversidades, iniciando uma jornada de autodescoberta, propósito e busca por uma vida rica em realização, conexão e potencial ilimitado para o florescimento pessoal.

CONCLUSÃO

Uma jornada de resiliência, transformação e esperança

Na intrincada tapeçaria da existência humana, a jornada de cura do Transtorno de Estresse Pós-Traumático Complexo (C-PTSD) permanece como um testemunho da capacidade ilimitada do espírito humano de se levantar das profundezas da adversidade. "Cura do TEPT complexo: o manual completo para se recuperar e se recuperar de traumas e TEPT" tem sido um guia, iluminando o caminho para a restauração, o crescimento e a recuperação do próprio eu autêntico.

Ao longo dos capítulos deste manual, nos aventuramos no coração da escuridão que o trauma pode lançar, confrontando as complexidades que moldaram e obscureceram nossas vidas. Exploramos as profundezas da compreensão do PTSD complexo, nos aprofundamos nos fundamentos da cura e navegamos no labirinto de gatilhos, identidade e relacionamentos. Nós nos envolvemos com abordagens terapêuticas, desvendamos os fios de experiências passadas e abraçamos o poder transformador da resiliência e da possibilidade.

Agora, ao chegarmos à conclusão desta jornada transformadora, estamos num limiar – um limiar entre o passado e o futuro, entre a dor de ontem e a promessa de amanhã. É um limiar definido pela crença inabalável de que a cura não é apenas um destino; é uma jornada contínua, uma evolução do eu que carrega consigo as sementes da resiliência, do crescimento e da transformação profunda.

Ao fechar o capítulo final deste manual, lembre-se de que sua história não está confinada às páginas destas palavras. Você é o autor de sua narrativa e a caneta ainda está em suas mãos. Você carrega consigo as ferramentas, insights e estratégias para enfrentar os desafios que estão por vir com nova força e sabedoria.

A cura do PTSD complexo é uma prova de sua coragem, tenacidade e capacidade de superação. É uma declaração de sua determinação em recuperar sua identidade, construir seus relacionamentos e seguir em frente com resiliência inabalável. A jornada que você empreendeu não está isenta de provações, mas é uma jornada marcada por triunfos – pequenas vitórias que se tornam trampolins em direção a uma vida definida pela possibilidade e pelo propósito.

Tenha em mente que a cura não é linear à medida que você prossegue. Pode haver períodos de incerteza e flashbacks do passado. Mas você tem uma fonte de poder interior que o impulsionou até agora e o fará no futuro. Aceite o conhecimento adquirido, o desenvolvimento realizado e os relacionamentos estabelecidos. Sua capacidade de superar a dor e aceitar a luz que brilha dentro de você é demonstrada por cada passo que você dá.

Na grande tapeçaria da sua vida, os capítulos de cura do PTSD complexo são tecidos ao lado de suas experiências, aspirações e sonhos únicos. Eles são parte integrante da sua narrativa, uma narrativa marcada pela resiliência, transformação e esperança. Ao fechar este manual e entrar na vasta extensão do seu futuro, lembre-se de que você possui o poder de moldar sua história, de criar um futuro que seja definido não pelo trauma que você suportou, mas pela força com a qual você se ergueu. acima dele.

Que sua jornada seja marcada por crescimento contínuo, cura profunda e realização de seu valor inerente. Você não é definido pelo seu passado; você é definido pela coragem com que navega em seu presente e pelo potencial ilimitado que o aguarda em seu futuro.

A cada passo, você avança e prospera, incorporando a essência da cura, a personificação da resiliência e a personificação do seu verdadeiro eu.

Com profunda admiração e apoio inabalável,

Alexandra Phoenix

NOTA DO AUTOR

Caro leitor,

Quero expressar minha sincera gratidão por escolher ler "Libertando-se do abuso verbal: como identificar, enfrentar e superar as algemas de um relacionamento verbalmente abusivo". Espero sinceramente que este livro tenha fornecido informações valiosas, orientação e capacitação em sua jornada em direção à cura e à liberdade.

Se você achou este livro informativo, fortalecedor ou se ele ressoou com suas experiências pessoais, peço gentilmente seu apoio para compartilhar seus pensamentos. As resenhas e classificações desempenham um papel significativo em ajudar outras pessoas a descobrir este livro e também me fornecem feedback valioso para continuar melhorando e atendendo às necessidades de leitores como você.

Sua avaliação honesta pode ser um farol de esperança para alguém que pode estar passando por um momento difícil, procurando respostas ou buscando coragem para se libertar de um relacionamento abusivo. Suas palavras têm o poder de inspirar e guiar outras pessoas em direção à cura e a um futuro melhor.

Se você optar por deixar uma breve revisão, compartilhar suas idéias pessoais ou simplesmente avaliar o livro, seu feedback será imensamente apreciado. É através das vozes coletivas dos leitores que podemos fazer a diferença na vida das pessoas afetadas pelo abuso verbal.

Obrigado pelo seu apoio e desejo-lhe toda a força, resiliência e felicidade em sua jornada para uma vida livre das algemas do abuso.

Com profundo agradecimento,

ALEXANDRA PHOENIX

www.ingramcontent.com/pod-product-compliance
Lightning Source LLC
Chambersburg PA
CBHW050855260726
48660CB00006B/2654